너와 나 사이 무엇보다 중요한 것!

레이첼 브라이언 지음 · 노지양 옮김

CONSENT (FOR KIDS!)

Copyright © 2020 by Rachel Brian
Cover illustration copyright © 2020 by Rachel Brian
Cover design by Laura Hambleton and Karina Granda
Cover copyright © 2020 Hachette Book Group, Inc.
This edition published by arrangement with Little, Brown and Company, New York, NY.
All rights reserved.
Korean translation copyright © 2020 by Book21 Publishing Group
Korean translation rights arranged with Little, Brown and Company
through EYA (Eric Yang Agency)
이 책의 한국어판 저작권은 EYA(Eric Yang Agency)를 통한 Little, Brown and Company 사와의
독점계약으로 (주)북이십일이 소유합니다.
저작권법에 의하여 한국 내에서 보호를 받는 저작물이므로 무단전재 및 복제를 금합니다.

지은이 레이첼 브라이언
옮긴이 노지양

1판 1쇄 발행 2020년 7월 29일
1판 16쇄 발행 2025년 12월 10일

펴낸이 김영곤
TF팀 김종민 신지예
마케팅 김지선 정성은 **디자인** 스팍스에디션
영업팀 정지은 한충희 남정한 장철용 강경남 황성진 김도연 이민재
제작팀 이영민 권경민
해외기획팀 최연순 소은선 홍희정

펴낸곳 (주)북이십일 아울북
출판등록 2000년 5월 6일 제406-2003-061호
주소 (10881) 경기도 파주시 회동길 201(문발동)
대표전화 031-955-2100 **팩스** 031-955-2177
홈페이지 www.book21.com

ISBN 978-89-509-8736-7 73330

• 모델명: 동의: 너와 나 사이 무엇보다 중요한 것!
• 제조연월: 2025.12.10. • 제조자명: (주)북이십일
• 주소 및 전화번호: 경기도 파주시 회동길 201(문발동) / 031-955-2100
• 제조국명: 대한민국 • 사용연령: 5세 이상 어린이 제품

*책값은 뒤표지에 있습니다.
*이 책 내용의 일부 또는 전부를 재사용하려면 반드시 (주)북이십일의 동의를 얻어야 합니다.
*잘못 만들어진 책은 구입하신 서점에서 교환해 드립니다.

환영합니다!

이 책은 여러분에게 주는 선물입니다.

그건 그렇고! 이 사람들이 바로 **여러분**이에요.

물론 여러분과 <u>똑같이</u> 생기지는 않았어요.
(여러분 얼굴엔 코가 있으니까요.)
그래도 여기에 내가 있다고 생각해 봐요.

이 책이 **할 수 있는** 것

이 책이 **할 수 없는** 것

1장 나의 원칙을 세워요

동의

동의란 내가 내 나라의 주인이 되는 것과 같아요.
이 나라의 왕이자 시민 = **바로 나.**

이 몸께서는 오늘 하루 종일 방에서 뒹굴뒹굴하겠다고 선포하노라.

내가 내 몸의 주인이 된다는 건 무슨 뜻일까요?

내 몸은 내가 알아서 한다는 뜻

내 몸은 내 거라는 뜻이지요.

나의 경계선은 내가 그을 수 있어요.

경계선이란 한계를 말해요.

경계선은 내가 편안한 상황을 정하고
선을 긋는 거예요.

그런데 이럴 땐 편안하지 않을 수 있어요.

누군가와 친해지는 방법은 여러 가지예요.

하이파이브

끌어안기

고개인사하기

내 몸을 만지는 건 별로야.

손 흔들기

난 내 귀염둥이들만 안아 줄 거야.

고양이 끌어안기

신체 결정권 이란

내 몸에 대한 결정은 내가 한다는 뜻이에요.

> 맘에 들어. 근데 발음이 좀 어려운데?

만약 옆집 할머니가 이렇게 말할 때에는…

> 이리 와, 귀여운 것. 볼 좀 꼬집어 보자. 할머니가 뽀뽀해 줄게!

어떻게 하면 될까요?

내가 결정하면 돼요.

그렇지만 나와 다른 사람들의 **안전이 더 중요할 때**는 내 마음대로 못 할 수도 있어요.

하지만, 그때도 이렇게 말할 수 있어요.

다른 사람이 나에게 관심을 보일 때 내 느낌이 어떤지 살펴보세요.

왠지 모르게 **징그러워…**.

어딘가 **소름끼쳐…**.

그 사람의 관심을 거부해도 괜찮답니다.

누군가 내가 그어 둔 선을 넘어오려 하거나
마음을 바꾸라고 계속 조르면 이런 사람에게 말하세요.

모든 사람이 나를 도와줄 수 있는 건 아니랍니다.
친절하고 든든한 사람을 고르세요.

경계선의 기준은 사람마다 달라요.

그래서 다른 사람이 어디까지 동의하는지 먼저 묻는 건 매우 중요하답니다.

동의한다는 것은 어떤 일이 좋다고 찬성한다는 뜻이에요.

특히 몸에 관한 일에는 동의가 무척 중요해요.

만약에 내가
횡단보도를 건너려는 사람을 도와준다고 생각해 보세요.

그러니까 무슨 일이든
상대방이 먼저 동의를 해야 해요.

꼬집기는 어떨까요?

동의를 잘하려면 두가지 연습을 해야 해요.

1. 사람들에게 내 기분을 **말하는 연습**

힌트: **분명**하고 **직접적**으로 말해요.
(하면 할수록 점점 더 쉬워져요!)

2. 다른 사람들 말을 잘 듣는 연습

어떤 행동이 나에게는
크게 거슬리지 않더라도

다른 사람에게는
심하게 거슬릴 수 있거든요.

상대방이 동의했는지 아닌지 **어떻게** 알까요?

물어보면 돼요!

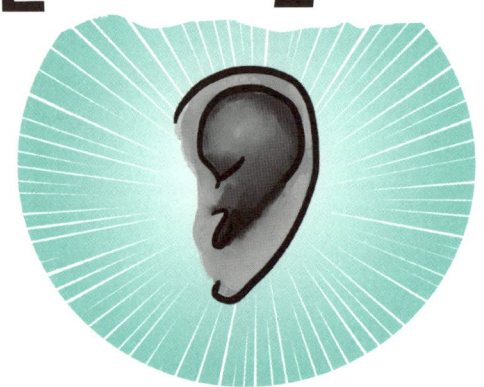

(그리고 대답을 잘 들으세요.)

대답이 아주 **확실할** 때도 있죠.

하지만 대답이 **확실하지 않을** 때도 있어요.

"좋다"고 말하지만 겁먹은 표정   몸이 얼어붙음   어깨를 으쓱함   말을 돌림

이런 반응을 과연 **동의**라고 할 수 있을까요?

어떤 사람은 자신의 힘을 이용해 억지로 동의하게 만들어요.

이것은 동의가 아닙니다.

다른 사람이 입은 옷만 보고 그 사람이 동의했다고 짐작할 수 있을까요?

그 사람이 왜 그 옷을 입었는지 안다고 판단하지 마세요.

사람들은 자기 나름대로 이유가 있어서 그 옷을 입은 거예요.

추워서	눈에 띄고 싶지 않아서	강아지를 품으려고

옷은 동의와 관련이 없어요.

당연히 그렇잖아잉

그러니까 상대의 말을 잘 듣고
확실한 동의를 얻으세요.

특히 그 사람의
몸에 관련된
일에는
직접 말을
들어야 해요.

대답이 확실하지 않다면,
아니라는 뜻이에요.

뉴스 속보!

일부러 그러는 건 아니더라도 사람들이 나의 경계선을 넘어올 수 있어요.

그때는 정확하게 말해 주세요. 그래야 사람들이 나의 경계선을 알 수 있어요.

한 쪽 만화 간지럼 태우기

조금 다른 한 쪽 만화 　간지럼 태우기

4장 바꿔도 괜찮아요

마음은 항상 변하니까!

내가 세워 놓은 기준도 왠지 잘못되었다는 느낌이 들 때가 있죠….

겁낼 거 없어요!
생각을 바꾸면 되니까요. 얼마든지 말이에요!

귀여운 외계인을
만났다고 상상해 보세요.

글러그는 은하계의 평화를 지키고
지구인과의 우정을 축하하기 위해
나와 껴안고 싶대요.

그런데 껴안는 방식이
생각한 것과 아주 달랐어요.

그럴 때는 생각을 바꿔도 **괜찮아요.**

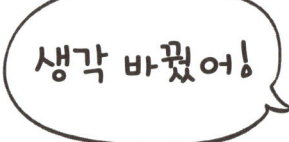 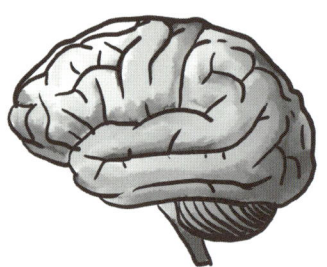

나는 글러그와
껴안고 싶었어요.

그런데 이제 하기
싫어졌어요.

정말 간단하죠.

때로는 어떤 일을 **해 보고 난 다음에** 싫어하게 될 수도 있어요.

한 번 해 본 다음
마음을 바꿔도 괜찮아요.
(그전에 1,000번이나 "그래"라고 말했어도 상관없어요!)

뉴스 속보!

내가 마음이 바뀌었다고 하면
화를 내는 사람들도 있어요.

그 사람은 토라지고 짜증 내고
때론 화를 낼지도 몰라요.
그래도 결정은 <u>내가</u> 하는 거랍니다.

한 쪽 만화

오소리 키우기

한 쪽 만화 오소리 키우기
그 다음에 일어난 일

5장 건강한 관계를 키워 나가요

우리가 살아가면서 알게 되는 **관계**에는 **여러 종류**가 있어요.

어떤 관계가 건강한지 아닌지는 어떻게 알까요?

알 수 있는 방법은 물어보는 거예요.

이 사람이 옆에 있으면 **내 기분이 어떻지?**

안전하고 존중받는 느낌이 든다. 나답게 행동한다! "내가 촌스러운 멜빵바지를 입어도 넌 나를 좋아할 거지?" "당연하지!"	그 사람이 화낼까 봐 **늘 눈치를 본다.** "늦었다! 지각하면 나한테 소리 지르며 화낼 텐데." "그애게는 조심해!"

얘랑 있으면 **내가 싫어진다.** "나는 멍청해. 나는 최고 못난이야." "그러지 마."	**행복하고 신나고** 함께할 날이 기대된다. "우리 재밌게 놀자!" "와아!"

모든 관계에는 힘든 순간들이 있어요.

하지만 서로의 경계선에 대해 **이야기하고 존중하면서** 함께 해결해 나갈 수 있지요.

건강한 관계의 좋은 신호

- ☐ 기분이 좋다
- ☐ 안전하다
- ☐ 자신감이 생긴다
- ☐ 서로 존중한다
- ☐ 신체 결정권을 갖고 있다

건강하지 않은 관계의 위험 신호

- ☐ 기분이 나쁘다
- ☐ 안전하지 않다
- ☐ 같이 있으면 슬프거나 불안하고 무섭다
- ☐ 서로 존중하지 않는다
- ☐ 한 사람이 다른 사람을 마음대로 하려 한다

착해 보이는 사람들은 대부분
진짜로… **착해요!**

사람들은 신뢰를 얻기 위해
노력할 때, 보통
다음과 같이 행동해요.

나를 이끌어 주고 응원해 주는
사람이 있다는 건 멋진 일이죠.

그건 절대 여러분 잘못이 아니에요.

어른들이 아이들에게 이상한 행동을 할 때는 **언제나** 어른들 잘못이에요.

어떤 사람을 한 번 믿었다고 해서 영원히 믿어야 하는 건 아니에요.

내가 믿었던 사람의 행동이나 말이 이상하다고 느껴지면 그 사람에 대한 생각을 **바꾸면** 돼요.

6장 내 행동을 돌아봐요

어떤 사람이 내가 그어 놓은 선을 존중하지 않았던 때가 한 번쯤은 있었을 거예요.

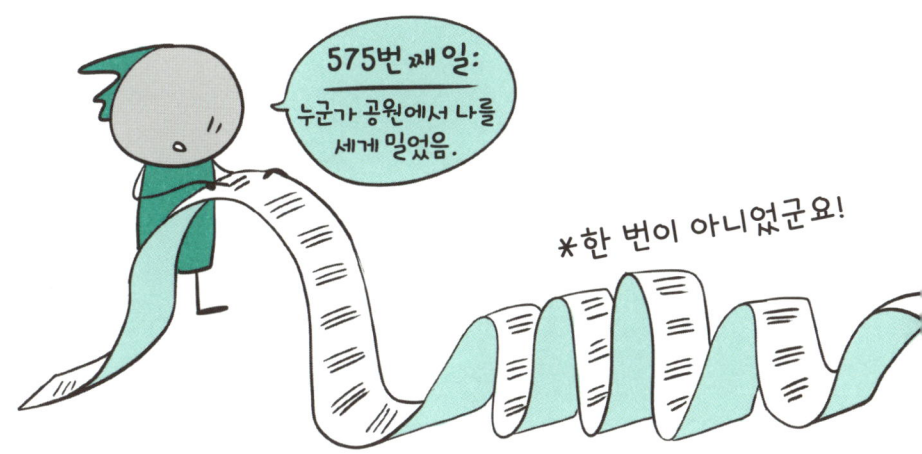

그럼, 이제 다시 한번 생각해 볼까요?

한 쪽 만화 나는 어땠을까?

내가 원하는 것만 고집하고 다른 사람들의 말을 안 들었을 수도 있지요.

다른 사람이 세워 놓은 선은 존중해야 해요.
그 사람이 옆에 있지 않아도요.

뉴스 속보!

당사자의 동의 없이 어떤 사람의 **사진**이나   **동영상**을 함부로 다른 사람과 공유하지 말아요! (나한테 보낸 사진이라도 절대 안 돼요!)

왜냐하면 그 사진의 주인은 내가 아니니까요. 사진 속에 있는 사람만 결정할 수 있어요.

다른 사람에게 한번 보여 주고 나면
그 사진이 앞으로 어떻게 퍼질지 알 수 없어요.

16살보다 어린 사람이 옷을 입고 있지 않은 사진을 저장하거나 보여 주는 것은 **범죄**예요.

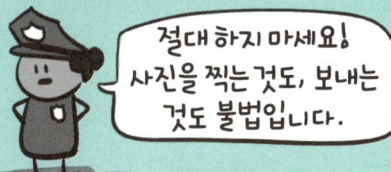

절대 하지 마세요! 사진을 찍는 것도, 보내는 것도 불법입니다.

서로를 존중하는 게 처음에는 어려울 수도 있어요.

동의는 연습이 필요해요.

많은 사람이 동의를 연습할수록, 동의는 모두에게 자연스러운 일이 돼요.

7장 내가 친구를 구할 수 있어요

좋아요!

지금까지 경계선이 무엇인지,
그리고 다른 사람들의 이야기를
왜 들어야 하는지 배웠어요.
그런데 **다른 사람이 나쁜 일을 당할 때**
어떻게 해야 하죠?

도움을 줄 수 있는 네 가지 방법

(상황이 안전하지 않다고 느껴지면 바로 4번으로 가세요.)

내가 **세계** 평화는 지킬 수 없을지도 몰라요.

하지만 내가 친구를 도와주면 **상황을** 바꿀 수 있어요.

⭐ 가장 중요한 건 소중한 친구들에게 이런 말을 건네는 거예요.

8장 함께 강해져요

어린이가 신체 결정권을 얼만큼 가져야 하는지 가족마다 기준이 다를 수 있어요.

어떤 사람은
아이의 자유를 존중해요.

어른이 결정해야 한다고
생각하는 사람도 있고요.

가족들이 **나의 선택**을 **지지**해 주면
정말 기분이 좋아요.

하지만
그렇지 못할 때는…

이렇게 하면 돼요.

하지만 아래 같은 어른을 만나면…

도움을 구하세요.
헷갈리거나 잘 모르겠을 때도 마찬가지예요. (마지막 페이지를 보세요.)

동료를 찾아요!

우리 주변에 있는 모든 사람이
동의를 연습하진 않았어요.

그렇기 때문에 좋은 친구를 사귀는 것이 중요해요.

주변에 내 말을 믿고 존중하는
좋은 사람이 많을수록
나의 삶은 활짝 피어난답니다.

(물론 나도 친구들에게 그렇게 해 줄 수 있고요!)

누군가 나의 경계선을 넘으려 하고,
두렵고, 아프고, 혼란스럽고, 위험하다고 느끼면
반드시 도움을 요청하세요!

세상에는 어린이들이 **동의할 수 없고**
동의해서는 안 되는 일이 있어요.

그러니까 여러분의
잘못이
아니라는 것만
기억하세요.

여러분 편에 서서 도와줄
사람들을 찾아보세요.

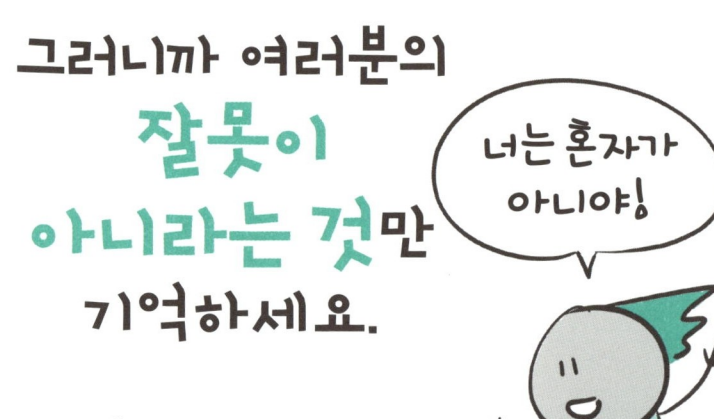

감사의 말

에디터 리사 요스코비치와 로라 호슬리에게 감사합니다. 그들의 현명하고 사려 깊은 제안 덕분에 이 책이 순조롭게 나올 수 있었습니다. 당신들과 함께 일할 수 있었던 건 제게 영광이었습니다. 카리나 그란다는 아트 디렉션을 도와주었고, 애니 도넬, 로라 램블턴 등 모든 팀원이 이 책을 더욱 아름답게 만들어 주었습니다. 내 책을 세상에 선보일 수 있도록 도와준 벤트 에이전시의 몰리와 책에 대한 피드백을 준 전문 리뷰어 크리스티 코삭, 사라 포트, 킴 알라버다, 제스 버크에게 마음을 전합니다. 완벽한 영감, 협업, 위로를 제공한 사라 브라이언, 나에게 가끔 아침을 만들어 주는 바바라와 더그 브라이언, 불안과 기쁨이 공존하는 시기에 지혜로운 상담으로 나를 붙잡아 준 로라 웨스트버그, 든든한 버팀목 줄리 탤버트, 모두에게 깊은 사랑과 감사를 전합니다.

그리고 강렬한 개성으로 나에게 영감을 주고 내 삶에 너무나 많은 사랑을 안겨 주었으며 가끔은 자기가 먹을 치즈 접시까지 차릴 줄 아는 사랑스러운 세 아이들 롤라, 밀로, 앤조에게 이 책을 바칩니다.

지은이 레이첼 브라이언

블루 시트 스튜디오(Blue Seat Studios)의 창립자, 경영자, 애니메이터.
'동의'를 설명하는 짧은 성교육 동영상 '동의는 차 마시는 것(Tea Consent)'과 '어린이를 위한 동의(Consent for kids)'는 전 세계 20여 개국에 번역되고 1억 5,000번의 조회수를 기록했습니다. 레이첼은 교사로 일하면서 고등학교와 대학교에서 심리학, 생물학, 수학을 가르치기도 했지만 항상 아티스트였답니다. 사랑스러운 세 자녀, 못생겼지만 귀여운 강아지 하비와 함께 미국 로드아일랜드 프로비던스에 살고 있습니다.

옮긴이 노지양

연세대학교 영어영문학과를 졸업하고, KBS와 EBS에서 라디오 방송작가로 활동하다 번역가가 되었습니다. 어른뿐만 아니라 어린이를 위한 인권 책을 번역하며 기쁨과 보람을 느끼고 있습니다. 《파워북》,《메리는 입고 싶은 것을 입어요》,《나쁜 페미니스트》,《헝거: 몸과 허기에 관한 고백》 등 80여 권의 책을 우리말로 옮겼고, 에세이 《먹고사는 게 전부가 아닌 날도 있어서》를 썼습니다.